Jean Aymard de Vauquonery

I0101855

Les "meilleures" citations de Christine Boutin

UltraLetters

UltraLetters Publishing

Du même auteur, chez le même éditeur :

Les mémoires d'un amnésique

The Air Handbook of Air guitar

Les "meilleures" citations de Christine Boutin

Titre : Les "meilleures" citations de Christine Boutin

Auteur : Jean Aymard de Vauquonery

Première publication : 2013

Illustration de couverture : © Vincent Knobil (@sknob).

ISBN: 978-2-930718-51-4

© 2013 UltraLetters.

www.UltraLetters.com

UltraLetters Publishing, Brussels.
contact@UltraLetters.com

AVANT-PROPOS

Comme elle le dit elle-même, Christine Boutin est maintenant connue par tous les Français.

Fervente catholique et femme politique expérimentée, elle défend fermement ses convictions, notamment à l'aide de déclarations tonitruantes qui ont fortement contribué à sa réputation.

Alors rendons-lui hommage avec ce florilège de citations[1] révélatrices de sa pensée.

Jean Aymard de Vauquonery

---

[1] Les personnes intéressées par le droit de citation peuvent consulter la page Wikipedia suivante : http://fr.wikipedia.org/wiki/Droit_de_courte_citation

CHRISTINE BOUTIN EN QUELQUES DATES

6 février 1944 : Naissance à Levroux (Indre).

1967 : Mariage à 23 ans avec son cousin germain Louis Boutin.

1977 : Elue conseillère municipale d'Auffargis, petite municipalité de 2000 habitants dans les Yvelines.

1980 : Elue maire d'Auffargis.

1986 : Elue députée des Yvelines.

1998 : Se fait remarquer pour son opposition au PACS, notamment avec son discours de 5h25 d'affilée à l'Assemblée nationale.

2002 : Se présente à l'élection présidentielle de 2002 et obtient 1,19 % des suffrages au premier tour.

2007 : Devient ministre du Logement et de la Ville.

2009 : Quitte le gouvernement lors remaniement ministériel du 23 juin.

Décline le poste d'ambassadrice de France auprès du Vatican.

Reçoit du gouvernement une mission sur « les conséquences sociales de la mondialisation ».

2011 : Nommée chevalier de la Légion d'honneur

2013 : S'oppose fermement au mariage homosexuel lors des Manifs pour tous.

« Il ne faudrait pas que celui qui vient de donner son sperme s'en lave les mains. »

Source et date inconnue.

« Je ne suis pas du tout une femme d'antichambre ni de couloir. »

Actualités régionales Ile de France, France 3, interview du 13 janvier 1986. Elle conduira une liste « barriste » lors des élections législatives dans les Yvelines. Raymond Barre a soutenu sa candidature.

« L'avortement est l'assassinat. »

Midi 2 sur Antenne 2, Interview du 27 nombre 1986, lors du débat sur le remboursement des avortements.

« Vous feriez mieux de lire la Bible ! Ça vous changerait! »

Journal officiel de l'Assemblée nationale, 9 octobre 1998. Phrase lancée à Françoise de Panafieu lors d'une discussion sur la proposition de loi relative au PACS.

« Où placera-t-on la frontière, pour un enfant adopté, entre l'homosexualité et la pédophilie ? »

Extrait de son ouvrage *Le Mariage des homosexuels* paru en 1998.

« Je suis d'abord catholique avant d'être élue. »

Nouvel Observateur du 12 novembre 1998

« Qu'est-ce que l'homosexualité, sinon l'impossibilité d'un être à pouvoir atteindre l'autre dans sa différence sexuelle ? (...) Toutes ces acrobaties biologiques et sociales pour justifier l'accession d'un couple homosexuel à la paternité ou la maternité me semblent relever d'un fantasme narcissique d'auto-engendrement. »

Extrait de son discours contre le PACS à l'Assemblée nationale, le 3 novembre 1998.

« ... puisque je suis une marginale, j'appelle tous les français à manifester contre le PACS fin janvier. »

France 3, interview du 2 décembre 1998 à l'Assemblée nationale faisant suite à une intervention du Premier ministre Lionel Jospin dénonçant "l'obstination dans l'obstruction" de l'opposition. Sans la nommer, il qualifie Christine Boutin de "marginale" et "outrancière dans ses propos" sur le PACS. Elle fond en larmes.

« Toutes les civilisations qui ont reconnu et justifié l'homosexualité comme un mode de vie normal ont connu la décadence. »

Europe 1. Le 13 octobre 1999, à l'Assemblée nationale lors du débat sur le PACS.

« On construit l'avenir sur la force de son Histoire. »

Extrait du site internet Christineboutin2002.com. Candidate à l'élection présidentielle, elle ne remporte que 1,19% des suffrages (339 112 voix). Elle se positionne donc avant-dernière des 16 candidats présents au premier tour.

« Je suis scandalisée qu'on puisse envisager de donner la mort à cette femme parce qu'elle souffre et qu'elle est difforme. »

Libération, 14 mars 2008. Interviewée par RMC au sujet du cas de Chantal Sébire, atteinte d'une maladie incurable, qui demande à la justice le droit de mourir.

« Je pense que ce n'est pas drôle de mettre le préservatif quand on fait l'amour. »

Sur RTL, repris par L'express.fr le 18 mars 2009.

« J'attends toujours le coup de fil de François Fillon. »
« Mon jetage, je l'ai appris au 20H00 sur TF1 avec tout mon cabinet »

Interview sur Europe 1, repris par Libération, le 29 juin 2009.

« Ce n'est pas quelque chose qui n'est pas intéressant, au contraire »,

Europe 1, le 29 juin 2009. Evincée lors du remaniement du gouvernement Fillon-Sarkozy (23 juin 2009), Christine Boutin finit par décliner le poste d'ambassadrice de France au Vatican.

« L'écologie exige de nous que nous changions. Le temps presse. »

Extrait d'un article de Christine BOUTIN, alors ministre du Logement et de la Ville, le premier mars 2010 dans la Revue politique et parlementaire.

« Nos valeurs ne sont pas celles qui poussent le conseil régional actuel (PS) à financer un festival sataniste! »

Les Inrocks, 23 mars 2010. Christine Boutin fait pression pour que le festival métal Hellfest perde ses sponsors.

« … je rencontre beaucoup de personnes qui en ont assez d'être accusées de rendre la vie dure aux homosexuels. Elles ont tendance à penser qu'on ne parle que des homosexuels. »

In *Les homosexuels font-ils encore peur ?*, de Christine Boutin, Henry Chapier, Franck Chaumont. 3 juin 2010.

« J'assume parfaitement un traitement de haut fonctionnaire pour une mission aussi lourde et importante. »

Le Parisien, Interview du 9 juin 2010, lors de la polémique sur sa rémunération de 9500€ mensuel pour une mission sur les conséquences sociales de la mondialisation, tout en conservant sa retraite de députée.

« J'ai décidé de mener cette mission de façon gracieuse en renonçant à mes 9 500 euros. »

France 2. 10 juin 2010. Suite à la polémique quant à sa rémunération.

« Oui, moi de toute façon, je pense que j'ai une vocation, chrétienne, catholique, sans doute, d'être un bouc émissaire. Voilà, j'assumerai. »

Le Talk, Orange & Le Figaro, interviewée par Guillaume Tabard le 14 juin 2010.

« Il n'est pas bon de monter les Français les uns contre les autres, car il existe une violence latente. Ce qu'il faut, c'est redonner une vision à notre pays. Il faut cesser de cultiver la peur, il faut donner de l'espérance. »

Le Parisien, 15 août 2010. Interview sur la sécurité.

« Aujourd'hui, je rejoins ceux qui veulent rendre illégale la prostitution, l'abolir. C'est un archaïsme qui menace la dignité humaine. »

Interview de Romain Katchadourian et Juliette Demey pour France Soir le 2 novembre 2010.

« Je pense que Dominique Strauss-Kahn a été victime d'un piège. »

Interviewée par *Nouvelles de France* sur l'inculpation de Dominique Strauss-Kahn, le 15 mai 2011.

« C'est un attentat à la pudeur de notre pays, c'est monstrueux ! »

Interviewée par *Nouvelles de France* sur l'inculpation de Dominique Strauss-Kahn, le 15 mai 2011.

« Si je me présente, c'est qu'on vit dans un monde devenu fou. »

Le 20 heures, TF1, 22 juin 2011.

« Pauvre garçon. »

Telle est sa réponse à la question de Yann Barthès : « *Si je suis jeune, pacsé, je fume un ou deux joints par semaine, je regarde des films satanistes pour rigoler avec mes potes, que j'ai accompagné ma copine pour un avortement à 17 ans car il faut quand même pas déconner et que je suis pour le mariage homo.* ».

Le Petit Journal, Canal+, 12 septembre 2011

« J'ai honte d'être dans le même gouvernement que la Morano. »

Désinformations.com, 31 octobre 2011.

« Il y a une espèce de catholiphobie qui est en train de s'installer. »

France Culture, 3 décembre 2012.

« La crise européenne nous plonge dans un moment grave ; pour moi, c'est une IIIème Guerre Mondiale, sans obus, mais avec des morts. »

Conférence au Presse Club le 5 décembre 2011. Relevé par Pierre Dumazeau.

« J'irai jusqu'au bout. Ce n'est pas mes idées que je défends, c'est la démocratie. J'ai jusqu'à fin février pour obtenir ces signatures, on verra à ce moment là, mais je peux vous dire que je débloquerai la bombe atomique. Je suis en guerre »

Parlement Hebdo, 9 décembre 2011 alors qu'elle a difficile à rassembler les 500 signatures nécessaires pour se présenter aux élections présidentielles de 2012.

« Je veux dire aujourd'hui que je suis entrée en guerre et en résistance. »
« Je ferai quelque chose de très important. Ce n'est pas une menace, c'est une vérité. »

Europe 1. Interview du 19 décembre 2011, quand on l'interroge sur sa « bombe atomique ».

« Apporter des 'idées neuves' aux Français, revaloriser le travail, développer le recours au référendum, conforter la famille, refuser le mariage homosexuel et l'union civile, rejeter l'euthanasie, réaffirmer les racines judéo-chrétiennes de la France : voilà qui va indéniablement dans le bon sens. »

Le Monde, 10 février 2012. Boutin se rallie à Nicolas Sarkozy.

« Ras le bol de la normalité !
Un président de la
République est par essence
hors de la normalité ou alors
il est anormal ! »

Christine Boutin, le 15 juillet 2012, à propos de François Hollande, autoproclamé président "normal".

« Pour l'élection présidentielle, tous les candidats qui se présentent reçoivent une subvention de 800.000 euros. »

« Quand j'ai rallié Nicolas Sarkozy, en échange, je lui ai demandé qu'on me rembourse ces 800.000 euros. »

« J'avais un budget de campagne sur la base de 800.000 euros et j'avais engagé des dépenses. »

Sipa, Le Figaro.fr, 3 octobre 2012.

« Les homosexuels peuvent se marier naturellement mais avec une personne de l'autre sexe. »

L'interview politique de Christophe Barbier sur I-Télé le 24 décembre 2012.

« Je suis caricaturée, agressée de manière permanente. Cela a toujours été le cas, mais ces derniers temps, dans le cadre du débat sur le mariage gay, cela a pris des proportions qui me semblent dépasser les limites acceptables »

Le Nouvel Observateur, le 16 janvier 2013.

« C'est pas terminé, si ça continue comme ça, vous allez voir, les catholiques vont se radicaliser, je vous le dis et je le dis au président de la république, qui a fait une déclaration lamentable à l'occasion du départ de Benoit XVI [...]. »

Interviewée par Eric Naulleau et Eric Zemmour, Paris Première, 17 février 2013.

« ... j'ai moi-même été victime de cette violence inadmissible et monstrueuse des forces de l'ordre, envoyées comme des escadrons de la mort par le gouvernement français contre les familles françaises... »

Discours de Christine Boutin, lu en son absence, le 26 mars 2013 à la grande marche pro-famille à Washington.

« La France est entre les mains de véritables dictateurs qui n'hésitent plus à gazer les enfants comme dans les pires régimes de l'histoire. »

Discours de Christine Boutin, lu en son absence, le 26 mars 2013 à la grande marche pro-famille à Washington.

« Ils ont essayé sans succès de nous traiter d' #homophobes : nous voici désormais #fascistes ! Quand on a peur, on déraille... »

Tweet du 30 Mars 2013.

« #MariageGay : Tout s'explique ! le trésorier @fhollande qui aurait des comptes aux îles caïmans est aussi le directeur du magazine #Tetu »

Tweet du 4 avril 2013 dans le cadre des affaires « Offshore Leaks » et Cahuzac.

« Existe t il plus homophobe qu'un ancien ministre et une journaliste singer des lesbiennes pour m'offenser? Moi je m'en fous de leur niaiserie »

Tweet du 10 avril 2013 parce qu'Audrey Pulvar et Roselyne Bachelot se moquent d'elle sur *Le Grand Journal* de Canal+.

« Qu'elle est belle cette photo des #Hommen avec la Tour Eiffel »

Tweet du 24 avril 2013 parce quelques jeunes hommes torses nus manifestent contre le mariage gay.

« @leplus_obs @LeNouvelObs pour ressembler aux hommes ? Rire ! si ce n'était triste à pleurer! »

Tweet de Christine Boutin en apprenant qu'Angelina Jolie a subi, le 14 mai 2013, une double mastectomie, une opération qui consiste en une ablation totale ou partielle du sein, pour prévenir un risque de cancer.

« Loi #mariagegay promulguée: monsieur Hollande vous répondrez devant l'histoire de la rupture du pacte républicain. Objectiondeconscience »

Tweet du 18 mai 2013

« Il y a une loi morale supérieure à la loi de la République. »

Lors de l'émission *Internationales*, diffusée sur TV5-Monde et RFI en partenariat avec Le Monde, le 19 mai 2013.

« On ne va pas faire une course à l'échalote sur cette affaire. Regardez ma liste sur Tweet, les tombereaux d'injures que l'on peut faire sur mon compte et cela n'émeut absolument personne. »

Lors de l'émission *Internationales*, diffusée sur TV5-Monde et RFI en partenariat avec Le Monde, le 19 mai 2013. En commentant les nombreuses déclarations homophobes qui circulent sur Internet.

« Loi #mariagegay promulguée #hollande croit que c'est fini ! Non! C'est le commencement de la lutte contre le changement de civilisation »

Tweet du 22 mai 2013

« J'appelle les français à manifester dimanche 26 mai pour dire NON à la société inhumaine que l'on veut nous imposer! Merci à #manifpourtous »

Tweet du 22 mai 2013

« #valls : interdire le Printemps Français ? Mais tous les #Manifpourtous , #veilleurs #meresveilleuses et autres sont #PrintempsFrançais ! »

Tweet du 24 mai 2013

« Amis de #manifpourtous :
la police a reçu l'ordre de
développer les
échauffourées dés midi pour
nous décourager
#onenelacherien #onyva »

Tweet du 25 mai 2013.

« #26mai Quelle belle journée!porteuse d'espérance pour la France #résistance au changement de civilisation »

Tweet du 27 mai 2013, sui à la manifestation anti mariage homosexuel du 26 mai 2013.

« Aujourd'hui la mode c'est les gays »,
« On est envahis de gays. »

RMC, le 27 mai 2013, suite à la remise de la Palme d'or à Cannes au film *La vie d'Adèle*, qui raconte une histoire d'amour entre deux femmes.

« La loi m'autorise à me marier avec mon cousin. »
« Monsieur, laissez-moi tranquille avec mon mari. »
« C'est inacceptable. Il n'y a pas d'inceste avec mon mari, c'est une affaire privée. »

Ca vous regarde sur LCP lundi 27 mai 2013 : un internaute l'interpelle au sujet de sa vie privée: "Madame Boutin, vous qui êtes mariée avec votre cousin germain, cela ne vous dérange pas de vous immiscer dans la vie privée des homosexuels?".

« Pour tous ceux qui me diffament sur mon mariage, je les informe que je lance une procédure à leur endroit ! Ça suffit ! »

Tweet du 28 Mai 2013.

Et une dernière grande citation pour la fin…

« On ne lâchera rien ! »

Christine Boutin, présidente du Parti Chrétien-Démocrate, réagit vivement à la décision du Conseil Constitutionnel sur le mariage gay.

« Une fois de plus, le Conseil démontre son caractère politique. Aucun élément de droit n'est pris en compte dans cette décision. Il s'agit d'une décision guidée par la simple volonté de propagande d'un lobby qui a décidé de mettre à mal notre civilisation.

Aujourd'hui, le Conseil Constitutionnel chosifie l'enfant et rompt le pacte républicain.

J'en appelle à tous les français de bonne volonté, aux maires, aux élus, entrons en résistance !

Cette résistance déterminée et pacifique s'inscrira dans la durée mais nous ne laisserons pas sombrer la France et défendrons la dignité de la personne humaine partout et tout le temps.

Le 26 mai marquera une grande manifestation, venez massivement.

Je demande au Président de la République de ne pas promulguer cette loi. Au-delà de cette date, notre combat continuera et on ne lâchera rien !

Le Parti Chrétien-Démocrate s'engage à combattre dans chaque ville où ses élus sont présents la loi Taubira, à continuer le combat partout en France jusqu'à son retrait pur et simple. »

Source : PCD.fr, communiqué du 21 mai 2013.

FIN

UltraLetters vous invite à lire ou relire…

Collection Classiques

Charles Baudelaire, *Pauvre Belgique!*
Hendrik Conscience, *De Leeuw van Vlaanderen (édition néerlandaise)*
James Fenimore Cooper, *Le Dernier des Mohicans*
Charles Darwin, *L'Origine des espèces*
Charles Dickens, *A Christmas Carol (édition bilingue anglais-français)*
Erasme, *Eloge de la folie*
Gustave Flaubert,
      L'éducation sentimentale
      Madame Bovary
      Salammbô
Jerome K. Jerome, *Three Men in a Boat (édition bilingue anglais-français)*
Comte de Lautréamont, *Les Chants de Maldoror, suivi de Poésies I et II*
Camille Lemonnier, *Un Mâle*
Jack London,
      The Call of the Wild (édition anglaise)
      Love of Life (édition bilingue anglais-français)
William Shakespeare, *Roméo et Juliette*
Sophocle, *Antigone (édition anglaise)*
Robert Louis Stevenson, *Dr. Jekyll et Mr. Hyde* (édition bilingue anglais-français)
Oscar Wilde,
      L'Âme humaine sous le régime socialiste
      Le Crime de Lord Savile et autres contes
      Le Portrait de Dorian Gray
      The Picture of Dorian Gray (édition anglaise)
      The Picture of Dorian Gray (édition bilingue anglais-français)
      The Soul of Man under Socialism (édition bilingue anglais-français)
Jules Verne,
      Un capitaine de quinze ans
      Cinq semaines en ballon
      De la Terre à la Lune
      Michel Strogoff
      Le Tour du monde en quatre-vingts jours
      Vingt mille lieues sous les mers
      Voyage au centre de la Terre
Richard Wagner, *Dix écrits*

Collection Contes & Légendes

Hans Christian Andersen, *Contes d'Andersen*
Lewis Carroll,
      Alice au pays des merveilles (illustré)

Alice au pays des merveilles (édition bilingue anglais-français)
Frères Grimm, *80 contes*

Collection Histoire

Jean François Paul de Gondi, Cardinal de Retz, *Mémoires*
Arthur Young, *Voyages en France: En 1787, 1788, 1789 et 1790*

Collection Humour

Alphonse Allais, *A se tordre*
Jean Aymard de Vauquonery,
        Mémoires d'un amnésique
        The Air Handbook of Air Guitar

Collection Management

Eric Lorio, *Les citations du manager*

Collection Politique

Jean Aymard de Vauquonery, *Les "meilleures" citations de Christine Boutin*
Nicolas Machiavel, *Le Prince*
Karl Marx & Friedrich Engels, *Manifeste du parti communiste*
Thomas More, *L'Utopie*
Sun Tzu, *L'Art de la guerre*
Vauvenargues, *Réflexions et maximes*

Collection Sciences Humaines

Henri Bergson (œuvres majeures)
        1. *Essai sur les données immédiates de la conscience*, 1889
        2. *Matière et Mémoire*, 1896
        3. *Le Rire. Essai sur la signification du comique*, 1899
        4. *L'Évolution créatrice*, 1907
        5. *L'Énergie spirituelle*, 1919
        6. *Durée et simultanéité*, 1922
        7. *Les Deux Sources de la morale et de la religion*, 1932
        8. *La Pensée et le mouvant*, 1934
Emile Durkheim, *Les règles de la méthode sociologique*, 1894
Gustave Le Bon, *Psychologie des foules*

Collection Spiritualités

La Bhagavad-Gîtâ, ou le Chant du Bienheureux

Ultraletters